SAKI

EL CONTADOR DE CUENTOS

Ilustraciones de ALBA MARINA RIVERA

Traducción: Verónica Canales y Juan Gabriel López Guix

EDICIONES EKARÉ

Era una tarde calurosa y en consonancia con ella el compartimento del tren resultaba sofocante, además faltaba casi una hora para la siguiente parada, Templecombe. Los ocupantes del vagón eran una niña, otra niña más pequeña y un niño. Una tía perteneciente a los niños estaba sentada junto a la ventana y frente a ella se encontraba un viajero ajeno al grupo; sin embargo, eran las niñas y el niño quienes ocupaban con rotundidad el compartimento. Tanto la tía como los pequeños tenían una forma de hablar limitada y persistente que recordaba las atenciones de una mosca que no cede al desaliento. La mayoría de las observaciones de la tía empezaban con «No» y casi todas las observaciones de los niños empezaban con «¿Por qué?». El hombre no decía nada en voz alta.

—¡No, Cyril, eso no! —exclamó la tía cuando el niño empezó a aporrear los cojines del asiento y a levantar una nube de polvo con cada golpe—. Ven a mirar por la ventana —añadió.

El niño se acercó a regañadientes hasta la ventana.

—¿Por qué están sacando las ovejas de ese campo? —preguntó.

—Supongo que las llevan a otro campo donde hay más hierba —respondió la tía con voz débil.

—Pero si ese campo tiene muchísima hierba —protestó el niño—; no tiene otra cosa, sólo hierba. Tía, hay muchísima hierba en ese campo.

—Puede que la hierba del otro campo sea mejor —sugirió la tía tontamente.

—¿Por qué es mejor la hierba del otro campo? —fue la rápida e inevitable pregunta.

—¡Oh, mira esas vacas! —exclamó la tía.

En casi todos los campos situados a lo largo de la vía del tren había vacas o bueyes, pero habló como si contemplara una rareza.

—¿Por qué es mejor la hierba del otro campo? —insistió Cyril.

La frente del hombre se iba frunciendo cada vez más. Era un individuo duro y antipático, decidió mentalmente la tía. Le resultaba del todo imposible llegar a una conclusión satisfactoria a propósito de la hierba del otro campo.

La menor de las niñas inventó una distracción poniéndose a recitar *Camino de Mandalay*. Sólo se sabía el primer verso, pero sacaba el máximo partido posible a su limitado conocimiento. Lo repetía una y otra vez con una voz lánguida pero resuelta y bastante audible; al hombre le pareció que alguien había apostado con ella a que no podía repetir el verso en voz alta dos mil veces seguidas. Quienquiera que hubiera hecho la apuesta tenía todas las de perder.

—Vengan, que les voy a contar un cuento —dijo la tía, después de que el hombre la hubiera mirado dos veces a ella y una vez a la cuerda del freno de emergencia.

Los niños se acercaron sin ganas al extremo del vagón ocupado por la tía. Era evidente que no valoraban en mucho su reputación como contadora de cuentos.

En voz baja y confidencial, interrumpida a intervalos frecuentes por las enérgicas y quisquillosas preguntas de sus oyentes, empezó un cuento soso y penosamente aburrido sobre una niña que era buena, que hacía amigos gracias a su bondad y que al final era rescatada de un toro furioso por un grupo de salvadores que admiraban su rectitud.

—¿No la habrían salvado si no hubiera sido buena? —preguntó la mayor de las niñas.

Era exactamente la misma pregunta que había querido hacer el hombre.

—Bueno, sí —admitió la tía de manera poco convincente—, pero no creo que hubieran acudido tan deprisa de no apreciarla tanto.

—Es el cuento más tonto que he oído en mi vida —comentó con gran convicción la mayor de las niñas.

—Yo he dejado de escuchar después de la primera parte, de lo tonto que era —dijo Cyril.

La niña más pequeña no hizo comentario alguno sobre el cuento, pero había reiniciado desde hacía un rato una repetición susurrada de su verso preferido.

—No parece que tenga usted mucho éxito como contadora de cuentos —dijo de repente el hombre desde su rincón.

La tía se erizó en un acto reflejo de defensa ante aquel inesperado ataque.

—Es muy difícil contar cuentos que los niños puedan entender y apreciar al mismo tiempo —dijo con frialdad.

—No estoy de acuerdo —respondió el hombre.

—Tal vez quiera usted contarles un cuento —fue la réplica de la tía.

—Cuéntenos un cuento —exigió la mayor de las niñas.

—Érase una vez —empezó el hombre—

una niñita llamada Bertha, que era **extraordinariamente** buena.

El interés que se había despertado por un instante en los niños empezó a decaer de repente; todos los cuentos eran espantosamente parecidos, sin importar quién los contara.

—Hacía todo lo que le pedían, siempre decía la verdad, nunca se ensuciaba la ropa, se comía los postres de pudin de leche como si fueran tartaletas de confitura, se aprendía las lecciones a la perfección y tenía buenos modales.

—¿Era guapa? —preguntó la mayor de las niñas.

—No tanto como ustedes —respondió el hombre—, pero ella era horriblemente buena.

Se produjo una reacción en favor del cuento; la palabra «horrible» aplicada a la bondad era una innovación digna de elogio. Parecía introducir una nota de verdad que faltaba en los cuentos infantiles de la tía.

—Era tan buena —prosiguió el hombre— que había ganado
varias medallas a la bondad y siempre las llevaba puestas, prendidas
en el vestido. Tenía una medalla a la obediencia, otra a la puntualidad y otra más al buen comportamiento. Eran grandes medallas de
metal que tintineaban unas contra otras cuando caminaba. Ningún
otro niño de la ciudad en la que vivía tenía tres medallas, así que
todo el mundo sabía que era una niña requetebuena.

—Horriblemente buena —citó Cyril.

—Todos hablaban de su bondad; y el príncipe del país acabó
por enterarse y dijo que, como era tan buena, le daría permiso para
pasear una vez a la semana por su parque, que estaba justo en las
afueras de la ciudad. Era un parque precioso, y nunca habían dejado
entrar a ningún niño, así que para Bertha fue un gran honor que le
permitieran visitarlo.

—¿Había ovejas en el parque? —preguntó Cyril.

—No —respondió el hombre—, no había ovejas.

—¿Por qué no había ovejas? —fue la inevitable pregunta que provocó esa respuesta.

La tía se concedió una sonrisa, que casi se habría podido describir como una mueca.

—No había ovejas en el parque —explicó el hombre— porque la madre del príncipe había soñado una vez que a su hijo lo mataría una oveja o que lo aplastaría un reloj. Por esa razón, el príncipe no tenía ovejas en su parque ni relojes en su palacio.

La tía ahogó un gritito de admiración.

—¿Al príncipe lo mató una oveja o un reloj? —preguntó Cyril.

—Todavía está vivo, así que no podemos saber si el sueño se hará o no realidad —respondió el joven con indiferencia—; en cualquier caso, en el parque no había ovejas, pero había muchos cerditos correteando de un lado para otro.

—¿De qué color eran?

—Negros con la cara blanca, blancos con motas negras, todos negros, grises con manchas blancas y algunos eran todos blancos.

El contador de cuentos hizo una pausa para que en la imaginación de los niños pudiera formarse una idea cabal de los tesoros del parque; a continuación, prosiguió:

—A Bertha le dio mucha pena descubrir que en el parque no
había flores. Le había prometido a sus tías, con lágrimas en los ojos,
que no cortaría ninguna flor del amable príncipe y estaba dispuesta
a mantener su promesa; así que, claro, se sintió un poco tonta al
descubrir que no había flores que cortar.

—¿Por qué no había flores?

—Porque se las habían comido todas los cerditos —respondió
el joven con prontitud—. Los jardineros le habían dicho al príncipe
que no era posible tener cerdos y flores al mismo tiempo, así que
él decidió tener cerdos y no flores.

Se oyó un murmullo de aprobación ante el excelente acierto de
la decisión del príncipe; muchos no habrían elegido lo mismo.

—El parque tenía muchísimas otras cosas preciosas. Tenía estanques con peces dorados, azules y verdes, árboles con hermosos loros que enseguida decían cosas inteligentes y pájaros cantores que cantaban todas las canciones de moda. Bertha lo recorrió de un lado a otro, disfrutando muchísimo, y pensó: «Si no fuera tan extraordinariamente buena no me habrían dejado entrar en este parque y disfrutar de todas las cosas que hay aquí»; y, mientras caminaba, las tres medallas tintineaban unas contra otras, y eso la ayudaba a recordar lo muy buena que era. Justo en ese momento empezó a merodear por el parque un enorme lobo dispuesto a atrapar un cerdito bien gordo para la cena.

—¿De qué color era? —preguntaron los niños en medio de un aumento inmediato del interés.

—De color barro, todo él, con una lengua negra y unos ojos gris pálido que brillaban con una ferocidad atroz. Lo primero que vio en el parque fue a Bertha; tenía un delantal tan limpio y de un blanco tan impecable que se veía desde muy lejos.

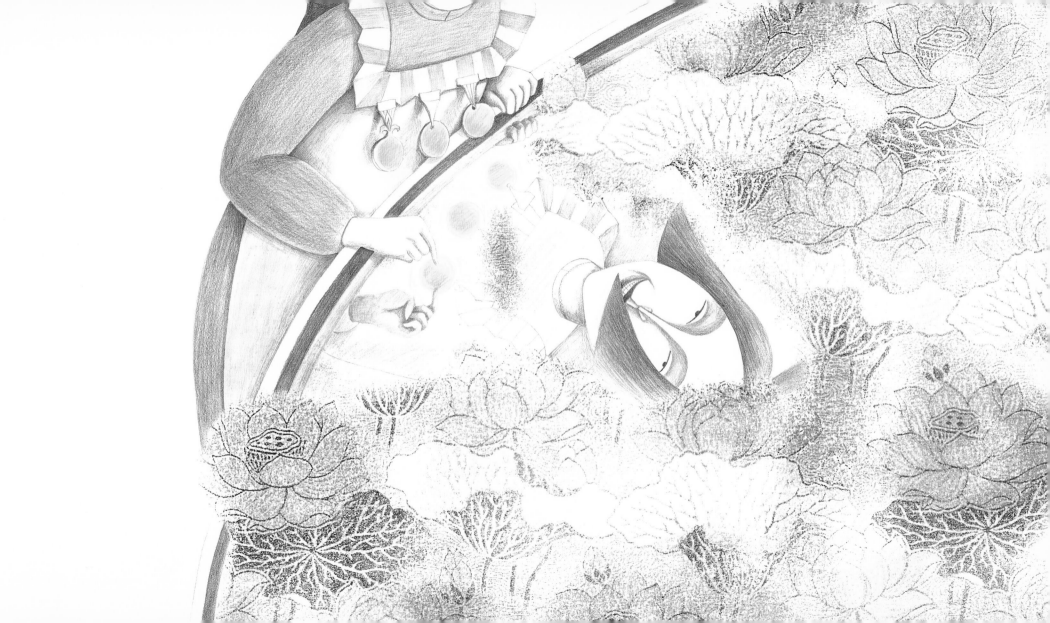

»Bertha divisó al lobo, vio que se acercaba sigilosamente hacia ella y empezó a lamentar que le hubieran dado permiso para entrar en el parque. Corrió con todas sus fuerzas, y el lobo la persiguió a grandes zancadas. Bertha consiguió llegar hasta un macizo de arrayanes y se escondió en uno de los arbustos más frondosos. El lobo se puso a olisquear entre las ramas, con la lengua negra colgando de la boca y los ojos gris pálido destellando de furia. Bertha estaba asustadísima y pensó: «Si no hubiera sido tan extraordinariamente buena, en este momento estaría a salvo en la ciudad». Sin embargo, el perfume del arrayán era tan intenso que el lobo no logró descubrir dónde se escondía Bertha, y las matas eran tan frondosas que habría rebuscado entre ellas durante mucho tiempo sin conseguir dar con la niña, de modo que pensó que lo mejor era dar media vuelta y atrapar a un cerdito. Bertha no paraba de temblar teniendo como tenía al lobo merodeando y olisqueando tan cerca de ella; y, con los temblores, la medalla a la obediencia empezó a tintinear contra las medallas a la buena conducta y la puntualidad.

»El lobo estaba ya alejándose cuando oyó el tintineo de las medallas y se detuvo para escuchar; tintinearon de nuevo en un arbusto cercano. El lobo se lanzó a su interior con los ojos gris pálido brillando de ferocidad y triunfo, sacó a Bertha de su escondite y se la zampó hasta el último bocado. Todo cuanto quedó de la niña fueron los zapatos, unos jirones de ropa y las tres medallas a la bondad.

—¿Murió algún cerdito?

—No, todos escaparon.

—El cuento empezaba mal —dijo la menor de las niñas—, pero ha tenido un final precioso.

—Es el cuento más bonito que he oído en mi vida —dijo con mucha decisión la mayor de las niñas.

—Es el único cuento bonito que he oído en mi vida —dijo Cyril.

La tía manifestó una opinión discrepante.

—Es un cuento de lo más inadecuado para unos niños pequeños.

Acaba de echar usted a perder el trabajo de años de esmerada educación.

—En cualquier caso —dijo el hombre mientras recogía sus pertenencias y se disponía a abandonar el vagón—, los he tenido callados durante diez minutos, que es más de lo que usted ha conseguido.

«¡Pobre mujer! —se dijo mientras recorría el andén de la estación de Templecombe—; durante los próximos seis meses, más o menos, los niños no dejarán de atosigarla delante de todo el mundo pidiéndole un cuento inadecuado.»

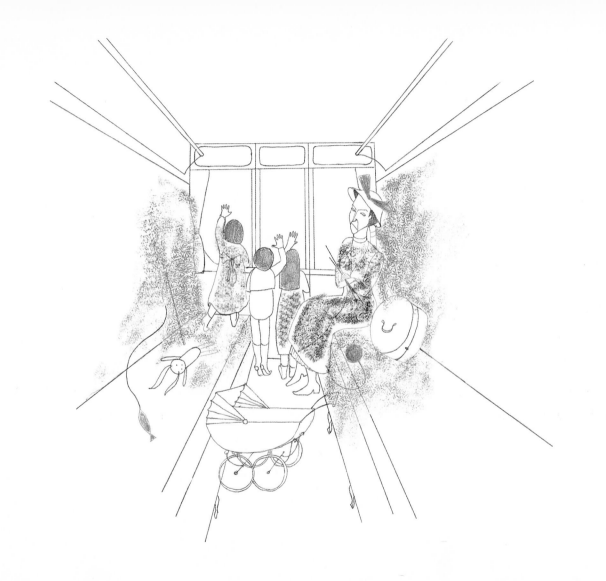

Saki: jardines y lobos

I

Hector Hugh Munro (Saki) nació en 1870 en la actual Myanmar (Birmania). Hijo de un oficial de la policía imperial británica, perdió a su madre antes de cumplir los dos años de edad y creció en Inglaterra junto a sus hermanos Charles y Ethel, uno y dos años mayores que él, al cuidado de la abuela y dos tías paternas. En 1893, partió a Birmania para desempeñar un puesto en la policía militar del Imperio británico, pero la malaria le obligó a regresar a Inglaterra. En 1900 publicó sus primeras colaboraciones periodísticas y, a partir de 1902, recorrió Europa (los Balcanes, Varsovia, San Petersburgo y París) como corresponsal extranjero del periódico conservador *The Morning Post*. Volvió a instalarse en Inglaterra en 1908, a la muerte de su padre, y emprendió entonces una carrera como escritor y periodista independiente. Nada más estallar la Primera Guerra Mundial, en agosto de 1914, se alistó en el ejército y luchó como soldado raso en el norte de Francia. Murió en la madrugada del 14 de noviembre de 1916 al final de la batalla del Somme, como consecuencia del disparo de un soldado alemán que divisó la luz de un cigarrillo e hizo fuego en la oscuridad. Sus últimas palabras, dirigidas al soldado que fumaba, fueron: «Apaga ese maldito cigarrillo».

Aunque su primer libro fue una obra de corte histórico sobre el Imperio ruso (*The Rise of the Russian Empire*, 1900), enseguida encontró una voz distintiva, caracterizada por un estilo irónico y epigramático que describe y satiriza la sociedad británica de la época eduardiana. En sus cuentos, completamente inapropiados para una sensibilidad políticamente correcta, abundan los niños y unos personajes híbridos entre la adolescencia y la edad adulta que, con su discurso, su comportamiento y sus bromas, subvierten —a veces con cierta dosis de crueldad— las normas establecidas. Publicó en vida tres recopilaciones de cuentos: *Reginald en Rusia* (1910), *Crónicas de Clovis* (1912) y *Animales y superanimales* (1914), así como dos novelas: *The Unbearable Bassington* (1912) y *When William Came* (1914). Tras su muerte aparecieron dos libros de cuentos más: *Los juguetes de la paz* (1923) y *El huevo cuadrado* (1924).

El pseudónimo Saki está extraído de la versión realizada por Edward Fitzgerald de las *Rubaiyat* del poeta persa Omar Jayyam, una traducción que gozó de gran éxito en la Gran Bretaña de la segunda mitad del siglo XIX. La palabra, que apareció en la edición revisada en 1872, significa en persa «copero». En la tradición clásica, el copero por excelencia es Ganímedes, un joven príncipe troyano («el más hermoso de los mortales», según Homero) raptado por Zeus para que escanciara el néctar a los dioses.

II

La presencia de los animales —y de los animales como símbolos del elemento salvaje e indómito de la naturaleza y del propio ser humano— constituye uno de los rasgos característicos de la obra de Saki. De los 143 cuentos que conocemos de él, seis tienen como protagonistas a lobos o personajes licántropos; en ellos —y de modo muy sakiano—, el tema de la «lobidad» es tratado doblemente, en clave trágica y burlona. «La loba» (contenido en *Animales y superanimales*) narra, con tono cómico y ligero, la metamorfosis de una dama invitada en una casa de la campiña inglesa. El magistral «Gabriel-Ernest» (*Reginald en Rusia*) funde belleza y amenaza en el personaje del efebo que da título al cuento, cuyo atractivo erótico resulta indisociable de su naturaleza oculta, feroz e implacable: a pesar de sus esfuerzos, el protagonista no alcanza a salvar antes de que se oculte el último rayo de sol al hijo pequeño de una familia campesina al que Gabriel-Ernest acompaña amablemente a su casa. Los lobos de «El día de la santa» (*Animales y superanimales*) contribuyen a crear un clima de inminente peligro en un bosque de las cercanías de Viena, aunque al final la historia se resuelve inesperadamente y los lobos resultan no ser tales. En cambio, en «Los lobos de Cernogratz» (*Los juguetes de la paz*), ambientado también en un bosque austrohúngaro, los animales se congregan para aullar, en cumplimiento de una leyenda local, en torno al castillo en el que agoniza, frente a una ventana abierta al frío del invierno, la última descendiente de una familia aristócrata a quien la ruina había llevado a emplearse como gobernanta de los nuevos dueños de la propiedad. En «Los intrusos» (*Los juguetes de la paz*), dos propietarios rurales enemistados durante generaciones por una cuestión de lindes se encuentran en el bosque que divide sus tierras; los dos desean matar al otro, pero, antes de que puedan actuar, la tormenta derriba un árbol y los deja heridos e inmovilizados; mientras esperan a sus hombres, se reconcilian, pero lo que aparece de la oscuridad del bosque es una manada de lobos dispuestos a hacer valer sus derechos. También en «El contador de cuentos» (*Animales y superanimales*), aunque el relato está ambientado en un parque propio de cuentos de hadas, el lobo es el agente de unas potencias salvajes y primarias que no tienen piedad alguna por lo civilizado y lo «horriblemente bueno».

III

Como en el jardín de *Alicia en el país de las maravillas*, en el que opera una lógica del revés donde el lenguaje funciona por sí mismo en contradicción con los usos que convencionalmente le damos, también el jardín de la Niña Buena de Saki se rige por otras leyes, pero se trata de una lógica que sobrepasa los límites de la seguridad cotidiana y en la que tienen la última palabra lo incierto y lo sobrecogedor. La fuerza de la naturaleza y los impulsos oscuros, de aquello que está más allá de la racionalidad (de lo que Kant llamó sublime, en el sentido de «lo absolutamente grande»), es una constante en la obra de Saki, por más que en sus relatos todo ello aparezca cubierto por un manto de desapego y dandismo. En cualquier momento puede enseñar su garra o una simple uña eso que es más grande y susceptible de una fascinación extática, pero al mismo tiempo inexorable y terrible. Seguramente ésa es una de las razones por las que los cuentos de Saki siguen ejerciendo sobre nosotros un atractivo tan poderoso: porque bajo una capa de intrascendencia nos enfrenta a aquello que nos supera y, en última instancia, es innombrable.

Uno de los antepasados de Hector Munro murió devorado por un tigre en el transcurso de una cacería en los alrededores de Calcuta. El caso se hizo famoso en los anales contemporáneos. La madre de Hector murió tras ser embestida por una vaca en un camino rural de Devon (Inglaterra). Este hecho vuelve perturbadoramente inquietante la pregunta que hace una de las niñas que escuchan el cuento: «¿No la habrían salvado si no hubiera sido buena?».

La prosa de Saki aúna el dominio de las tramas y la inteligencia de la ironía con el sobrecogimiento ante lo que no puede ser contenido dentro de unos límites y el escalofrío ante lo inexorable.

Juan Gabriel López Guix

Alba Marina Rivera: San Petersburgo – La Habana – Barcelona

Nací en Rusia en 1974, de madre rusa y padre cubano. Cuando aún era muy pequeña nos trasladamos a vivir a Cuba porque, supongo que puestos a escoger entre dos países comunistas, mis padres prefirieron uno con calor y playas. Allí vivíamos en la Isla de la Juventud, un sitio tranquilo, donde pasé mi infancia y adolescencia.

Mi formación artística empezó bien temprano, de la mano de un pintor y grabador que terminó por convertirse en el segundo marido de mi madre. Entre los 10 y los 15 años estudié artes plásticas en una academia de Bellas Artes y al terminar me trasladé a La Habana para seguir con el bachillerato y la universidad donde estudié biología.

A pesar del cambio de rumbo hacia el campo científico, nunca dejé mis lápices y acuarelas, cosa que, una vez en Europa y afincada en Barcelona, me ayudó a volver al inicio: estudié ilustración en la Escola Massana, con Pep Montserrat y Arnal Ballester.

En 2005 publiqué un libro ilustrado llamado *La màgica aventura del quadre de Dalí* y he participado en algunas exposiciones colectivas. Actualmente trabajo como directora de arte de una serie de televisión para Barcelona Televisió.

A.M.R.

Gracias a Abel por su paciencia y a Pep Monserrat por sus consejos

A. M. R.

EDICIONES
ekaré

Edición a cargo de Carmen Diana Dearden e Irene Savino
Diseño basado en la propuesta gráfica de Petra Hiebler

Segunda edición 2009

© 2008 Alba Marina Rivera, ilustraciones
© 2005 Verónica Canales y Juan Gabriel López Guix, traducción
Agradecemos la amable cesión de la editorial Alpha Decay, que publicó
una versión de este cuento dentro de la obra Saki, *Cuentos completos,* Barcelona, 2005
© 2008 Ediciones Ekaré

Edif. Banco del Libro, Av. Luis Roche, Altamira Sur, Caracas 1062, Venezuela
C / San Agustí 6, 08012 Barcelona, España

www.ekare.com